Das Mittelmeer-Diät-Kochbuch

Einfache und superleckere Rezepte für ein gesundes Leben und Essen im Alltag

Rafaela Pike

KONTANTENTABELLE

HAUPTSCHEIBE 41

GEMÜSE UND BEILAGEN 57

EINLEITUNG

Die mediterrane Diät gilt als eine der gesündesten Diäten der Welt und ist schon seit Jahrhunderten bekannt. Es ist eine Art zu essen, die eine Vielzahl von pflanzlichen Lebensmitteln, gesunde Fette (wie Olivenöl) und Meeresfrüchte enthält, und sie ist reich an Antioxidantien und Nährstoffen.

Zu den Vorteilen einer mediterranen Ernährung gehören:

Geringeres Risiko eines Schlaganfalls

Nicht nur das Herz profitiert von der Diät, sondern auch Ihr Gehirn. Menschen, die regelmäßig die Mittelmeerdiät konsumierten, hatten ein 22 % geringeres Risiko, einen ischämischen Schlaganfall zu erleiden, als diejenigen, die eine fettreiche Diät verfolgten. Die Studie fand auch heraus, dass Schlaganfälle, die durch andere Faktoren wie Blutungen verursacht wurden, bei Menschen, die Gemüse und Fisch aßen, wie es die Diät empfiehlt, tendenziell weniger schwerwiegend waren. Menschen, die einen Schlaganfall erleiden, haben es normalerweise schwer, sich davon zu erholen, und die Faktoren, die zu einem Schlaganfall führen, müssen vermieden werden.

Immunität stärken

Sie würden es nicht wissen, aber das Immunsystem Ihres Körpers ist ein starker Teil Ihrer Anfälligkeit für einige der Krankheiten, die Sie plagen. Diese Diät reguliert das

Immunsystem und hält den Körper stark und geschützt im Kampf gegen Infektionen.

Schutz vor Diabetes

Menschen, die eine Ernährung haben, die reich an Obst und Gemüse ist, haben es leichter, Diabetes in Schach zu halten. Die Diät für Diabetes ist ähnlich wie die Mittelmeerdiät. Die Diät hilft Menschen, ihr Gewicht zu kontrollieren, indem sie gesunde Lebensmittel essen. Diese Lebensmittel sind reich an komplexen Kohlenhydraten. Der Verzicht auf rotes Fleisch und Zucker in der Ernährung kurbelt auch den Stoffwechsel an.

Es ist nie zu spät, mit einer gesünderen Ernährung zu beginnen. Sie können jederzeit damit beginnen und sich in einen gesünderen Menschen verwandeln. Beginnen Sie mit kleinen Änderungen und machen Sie einen Vorstoß in Richtung der mediterranen Ernährung. Sie werden überrascht sein, wie sich Ihr Körper zum Positiven verändern wird. Es gibt keinen Grund, unter Krankheiten, Komplikationen und sogar dem Tod zu leiden, nur weil Sie sich entschieden haben, regelmäßig zu schlemmen. Sie können sich schützen, indem Sie sich gesund ernähren. Es gibt keinen Grund, grausam zu Ihrem Körper zu sein und den Schaden zu kompensieren, den Sie vorher angerichtet haben. Übernehmen Sie die Kontrolle über Ihre Gesundheit und Ihr Leben, indem Sie sich gesund ernähren und sich regelmäßig bewegen.

FRÜHSTÜCKSREZEPTE

1. Frische Tomaten Nudelschale

Zubereitungszeit: 7 Minuten

Zubereitungszeit: 26 Minuten

Portionieren: 4

Zutaten:

- 8 Unzen Vollkorn-Linguine
- 1 Esslöffel kaltgepresstes Olivenöl
- 2 Knoblauchzehen, gehackt
- 1/4 Tasse gehackte gelbe Zwiebel
- 1 Teelöffel gehackter frischer Oregano
- 1/2 Teelöffel Salz
- 1/4 Teelöffel frisch gemahlener schwarzer Pfeffer
- 1 Teelöffel Tomatenmark

- 8 Unzen Kirschtomaten, halbiert

- 1/2 Tasse geriebener Parmesankäse

- 1 Esslöffel gehackte frische Petersilie

Richtung

1. Kochen Sie Wasser bei hoher Hitze und kochen Sie die Linguine nach Packungsanweisung bissfest. Stellen Sie eine halbe Tasse des Nudelwassers beiseite. Spülen Sie die Nudeln nicht ab.

2. Erhitzen Sie das Olivenöl in einer großen, schweren Pfanne bei mittlerer bis hoher Hitze. Braten Sie den Knoblauch, die Zwiebel und den Oregano 5 Minuten lang an.

3. Fügen Sie das Salz, den Pfeffer, das Tomatenmark und 1/4 Tasse des reservierten Nudelwassers hinzu. Gut umrühren und 1 Minute lang kochen.

4. Rühren Sie die Tomaten und die gekochten Nudeln ein und schwenken Sie alles gut, um es zu überziehen. Fügen Sie bei Bedarf mehr Nudelwasser hinzu.

5. Zum Servieren mit Parmesankäse und Petersilie bestreuen.

Ernährung: 391 Kalorien 28g Fette 9g Eiweiß

2. Gekochte Sardinen mit Knoblauch

Zubereitungszeit: 6 Minuten

Zubereitungszeit: 31 Minuten

Portionieren: 4

Zutaten:

- 4 (3,25-Unzen-) Dosen Sardinen, verpackt in Wasser oder Olivenöl

- 2 Esslöffel kaltgepresstes Olivenöl

- 4 Knoblauchzehen, gehackt

- 1/2 Teelöffel rote Paprikaflocken

- 1/2 Teelöffel Salz

- 1/4 Teelöffel schwarzer Pfeffer

Richtung:

1. Heizen Sie den Broiler vor. Eine Auflaufform mit Alufolie auslegen. Sardinen in einer einzigen Schicht auf die Folie legen.

9

2. Kombinieren Sie das Olivenöl (falls verwendet), den Knoblauch und die roten Paprikaflocken in einer kleinen Schüssel und geben Sie einen Löffel über jede Sardine. Mit Salz und Pfeffer würzen.

3. Grillen, bis sie brutzeln, 2 bis 3 Minuten.

4. Zum Servieren 4 Sardinen auf jeden Teller geben und mit der restlichen Knoblauchmischung, die sich in der Auflaufform gesammelt hat, belegen.

Ernährung: 308 Kalorien 17g Fette 9g Eiweiß

3. Herzgesunder Trail-Mix

Zubereitungszeit: 8 Minuten

Zubereitungszeit: 32 Minuten

Portionieren: 12

Zutaten:

- 1 Tasse rohe Mandeln
- 1 Tasse Walnusshälften
- 1 Tasse Kürbiskerne
- 1 Tasse getrocknete Aprikosen, in dünne Streifen geschnitten
- 1 Tasse getrocknete Kirschen, grob zerkleinert
- 1 Tasse goldene Rosinen
- 2 Esslöffel kaltgepresstes Olivenöl
- 1 Teelöffel Salz

Richtung

1. Heizen Sie den Ofen auf 300°F vor. Legen Sie ein Backblech mit Alufolie aus.

2. Mischen Sie in einer großen Schüssel Mandeln, Walnüsse, Kürbiskerne, Aprikosen, Kirschen und Rosinen. Das Olivenöl darüber gießen und mit sauberen Händen gut durchschwenken. Fügen Sie Salz hinzu und schwenken Sie es erneut, um es zu verteilen.

3. Die Nussmischung in einer einzigen Schicht auf das Backblech füllen und backen, bis die Früchte zu

bräunen beginnen, etwa 30 Minuten. Auf dem Backblech auf Zimmertemperatur abkühlen lassen.

4. In einem großen luftdichten Behälter oder einem Plastikbeutel mit Reißverschluss aufbewahren.

Ernährung: 109 Kalorien 7g Fette 1g Eiweiß

4. Zitrusfrucht-Melone

Zubereitungszeit: 11 Minuten

Kochzeit: 0 Minute

Portionieren: 4

Zutaten:

- 2 Tassen gewürfelte Melone
- 2 Tassen gewürfelte Cantaloupe
- 1/2 Tasse frisch gepresster Orangensaft
- 1/4 Tasse frisch gepresster Limettensaft
- 1 Esslöffel Orangenschale

Richtung

1. Geben Sie die Melonenwürfel in eine große Schüssel. Mischen Sie in einer Schüssel den Orangensaft, den Limettensaft und die Orangenschale und gießen Sie sie über die Früchte.

2. Abdecken und 4 Stunden lang kühlen, dabei gelegentlich umrühren. Gekühlt servieren.

Ernährung: 101 Kalorien 11g Fette 2g Eiweiß

5. Café Kühler

Zubereitungszeit: 16 Minuten

Kochzeit: 0 Minute

Portionieren: 4

Zutaten:

- Eiswürfel
- 2 Tassen fettarme Milch
- 1/2 Teelöffel gemahlener Zimt
- 1/2 Teelöffel reiner Vanilleextrakt
- 1 Tasse Espresso, auf Raumtemperatur abgekühlt
- 4 Teelöffel Zucker (wahlweise)

Richtung

1. Füllen Sie vier hohe Gläser mit Eiswürfeln.
2. Geben Sie die Milch, den Zimt und die Vanille in einen Mixer und pürieren Sie sie, bis sie schaumig sind.

15

3. Gießen Sie die Milch über die Eiswürfel und füllen Sie jedes Getränk mit einem Viertel des Espressos auf. Wenn Sie Zucker verwenden, rühren Sie ihn in den Espresso, bis er sich aufgelöst hat. Sofort servieren, mit gekühlten Teelöffeln zum Umrühren.

Ernährung: 93 Kalorien 7g Fett 1g Eiweiß

6. Avocado-Ei-Rührei

Zubereitungszeit: 8 Minuten

Kochzeit: 15 Minuten

Portionen: 4

Inhaltsstoffe

- 4 Eier, verquirlt
- 1 weiße Zwiebel, gewürfelt
- 1 Esslöffel Avocadoöl
- 1 Avocado, fein gewürfelt
- ½ Teelöffel Chiliflocken
- 1 oz Cheddar-Käse, geraspelt
- ½ Teelöffel Salz
- 1 Esslöffel frische Petersilie

Wegbeschreibung:

1. Gießen Sie Avocadoöl in die Pfanne und bringen Sie es zum Kochen.

2. Dann die gewürfelte Zwiebel dazugeben und hellbraun rösten.

3. Mischen Sie in der Zwischenzeit Chiliflocken, verquirlte Eier und Salz zusammen.

4. Gießen Sie die Eimischung über die gekochten Zwiebeln und kochen Sie die Mischung 1 Minute lang bei mittlerer Hitze.

5. Verrühren Sie danach die Eier mit Hilfe der Gabel oder des Spatels gut. Kochen Sie die Eier, bis sie fest, aber weich sind.

6. Danach fügen Sie die gehackte Avocado und den geriebenen Käse hinzu.

7. Rühren Sie das Rührei gut um und geben Sie es in die Servierteller.

8. Bestreuen Sie das Gericht mit frischer Petersilie.

Ernährung: 236 Kalorien 20g Fett 8,6g Eiweiß

7. Frühstück Tostadas

Zubereitungszeit: 15 Minuten

Kochzeit: 6 Minuten

Portionen: 6

Inhaltsstoffe

- ½ weiße Zwiebel, gewürfelt
- 1 Tomate, gewürfelt
- 1 Gurke, gewürfelt
- 1 Esslöffel frischer Koriander, gehackt
- ½ Jalapeno-Pfeffer, gehackt
- 1 Esslöffel Limettensaft
- 6 Maistortillas
- 1 Esslöffel Rapsöl
- 2 oz Cheddar-Käse, geschreddert
- ½ Tasse weiße Bohnen, in Dosen, abgetropft
- 6 Eier
- ½ Teelöffel Butter
- ½ Teelöffel Meersalz

Wegbeschreibung

1. Bereiten Sie Pico de Galo zu: Mischen Sie in der Salatschüssel gewürfelte weiße Zwiebeln, Tomaten, Gurken, frischen Koriander und Jalapeno-Pfeffer.

2. Fügen Sie dann Limettensaft und einen ½ Esslöffel Rapsöl hinzu. Verrühren Sie die Mischung gut. Pico de Galo ist zubereitet.

3. Danach heizen Sie den Ofen auf 390 F vor.

4. Legen Sie das Blech mit Backpapier aus.

5. Legen Sie die Maistortillas auf das Backpapier und bestreichen Sie sie von beiden Seiten mit dem restlichen Rapsöl.

6. Backen Sie für 10 Minuten.

7. Kühlen Sie die gekochten knusprigen Tortillas gut ab.

8. Schwenken Sie in der Zwischenzeit die Butter in der Pfanne.

9. Knacken Sie die Eier in der geschmolzenen Butter und bestreuen Sie sie mit Meersalz.

10. Braten Sie die Eier 3-5 Minuten bei mittlerer Hitze.

11. Danach pürieren Sie die Bohnen, bis Sie eine Püree-Textur erhalten.

12. Verteilen Sie das Bohnenpüree auf den Maistortillas.

13. Spiegeleier hinzufügen.

14. Dann die Eier mit Pico de Galo und geriebenem Cheddar-Käse belegen.

Ernährung: 246 Kalorien 11g Fett 14g Eiweiß

8. Parmesan-Omelette

Zubereitungszeit: 5 Minuten

Kochzeit: 10 Minuten

Portionen: 2

Inhaltsstoffe

- 1 Esslöffel Frischkäse
- 2 Eier, verquirlt
- ¼ Teelöffel Paprika
- ½ Teelöffel getrockneter Oregano
- ¼ Teelöffel getrockneter Dill
- 1 Unze Parmesan, gerieben
- 1 Teelöffel Kokosnussöl

Wegbeschreibung

1. Verrühren Sie den Frischkäse mit den Eiern, dem getrockneten Oregano und dem Dill.

2. Kokosöl in der Pfanne vorheizen.

3. Geben Sie die Eimasse in die Pfanne und drücken Sie sie flach.

4. Geriebenen Parmesan hinzufügen und den Deckel schließen.

5. Kochen Sie das Omelett 10 Minuten lang bei niedriger Hitze.

6. Geben Sie dann das gekochte Omelett in die Servierplatte und bestreuen Sie es mit Paprika.

Ernährung: 148 Kalorien 12g Fett 11g Eiweiß

9. Menemen

Zubereitungszeit: 6 Minuten

Kochzeit: 15 Minuten

Portionen: 4

Inhaltsstoffe

- 2 Tomaten, gewürfelt
- 2 Eier, verquirlt
- 1 Paprika, gewürfelt
- 1 Teelöffel Tomatenmark
- ¼ Tasse Wasser
- 1 Teelöffel Butter
- ½ weiße Zwiebel, gewürfelt
- ½ Teelöffel Chiliflocken
- 1/3 Teelöffel Meersalz

Wegbeschreibung

1. Butter in der Pfanne schmelzen.

2. Paprika hinzufügen und 3 Minuten bei mittlerer Hitze kochen. Von Zeit zu Zeit umrühren.

3. Danach fügen Sie die gewürfelte Zwiebel hinzu und kochen sie weitere 2 Minuten.

4. Rühren Sie das Gemüse um und fügen Sie die Tomaten hinzu.

5. Kochen Sie sie 5 Minuten lang bei mittlerer bis niedriger Hitze.

6. Dann Wasser und Tomatenmark hinzufügen. Gut umrühren.

7. Verquirlte Eier, Chiliflocken und Meersalz hinzufügen.

8. Rühren Sie gut um und kochen Sie die Menemen 4 Minuten lang bei mittlerer bis niedriger Hitze.

9. Das gekochte Essen sollte halb flüssig sein.

Ernährung: 67 Kalorien 3,4g Fett 3,8g Eiweiß

10. Wassermelone Pizza

Zubereitungszeit: 10 Minuten

Kochzeit: 0 Minute

Portionen: 3

Inhaltsstoffe

- 9 oz Wassermelonenscheibe

- 1 Esslöffel Granatapfelsauce

- 2 oz Feta-Käse, zerkrümelt

- 1 Esslöffel frischer Koriander, gehackt

Wegbeschreibung

1. Legen Sie die Wassermelonenscheibe in den Teller und bestreuen Sie sie mit zerbröckeltem Fetakäse.

2. Fügen Sie frischen Koriander hinzu.

3. Danach die Pizza großzügig mit Granatapfelsaft beträufeln.

4. Schneiden Sie die Pizza in die Portionen.

Ernährung: 143 Kalorien 6,2g Fett 5,1g Eiweiß

VORSPEISEN UND SNACKS

11. Köstliche Shrimp-Pappardelle-Nudeln

Zubereitungszeit: 10 Minuten

Kochzeit: 20 Minuten

Portionieren: 4

Zutaten:

- 3 Liter Salzwasser
- 1 Pfund Jumbo-Garnelen
- ½ Teelöffel koscheres Salz
- ¼ Teelöffel schwarzer Pfeffer
- 3 Esslöffel Olivenöl
- 2 Tassen Zucchini
- 1 Tasse Traubentomaten
- 1/8 Teelöffel rote Paprikaflocken
- 2 Zehen Knoblauch
- 1 Teelöffel Schale von 1 Stück Zitrone
- 2 Esslöffel Zitronensaft
- 1 Esslöffel italienische Petersilie, gehackt
- 8-oz. frische Pappardelle-Nudeln

Wegbeschreibung:

1. Bringen Sie das Salzwasser für das Kochen der Nudeln zum Kochen.

2. Bereiten Sie in der Zwischenzeit die Garnelen vor. Kombinieren Sie die Garnelen mit Salz und Pfeffer. Beiseite stellen.

3. Erhitzen Sie 1 Esslöffel Öl in einer großen Sauteuse bei mittlerer Hitze. Geben Sie die Zucchinischeiben hinzu und braten Sie sie 4 Minuten lang an.

4. Geben Sie die Traubentomaten hinzu und braten Sie sie 2 Minuten lang an. Rühren Sie das Salz ein, um es mit dem Gemüse zu kombinieren. Geben Sie das gekochte Gemüse in eine mittelgroße Schüssel. Beiseite stellen.

5. Geben Sie in derselben Sauteuse das restliche Öl hinein. Schalten Sie die Hitze auf mittel-niedrig. Fügen Sie die roten Paprikaflocken und den Knoblauch hinzu. 2 Minuten lang kochen.

6. Fügen Sie die gewürzten Garnelen hinzu, und halten Sie die Hitze auf mittlerer Stufe. Garen Sie die Garnelen 3 Minuten lang auf jeder Seite, bis sie rosa werden.

7. Die Zitronenschale und den Zitronensaft einrühren. Geben Sie das gekochte Gemüse zurück in die Pfanne. Umrühren, um es mit den Garnelen zu kombinieren. Beiseite stellen.

9. Legen Sie die Nudeln in das kochende Wasser. Kochen Sie die Nudeln nach den Angaben des Herstellers, bis sie bissfest sind. Gießen Sie die Nudeln ab.

10. Geben Sie die gekochten Nudeln in eine große Servierschüssel und kombinieren Sie sie mit den Zitronen-Knoblauch-Garnelen und dem Gemüse.

Ernährung: 474 Kalorien 15g Fette 37g Eiweiß

12. Gemischte Pilz-Palermitani-Nudeln

Zubereitungszeit: 5 Minuten

Kochzeit: 30 Minuten

Portionieren: 8

Zutaten:

- 5 Liter Salzwasser
- 3 Esslöffel Olivenöl
- 26-oz. sortierte Wildpilze
- 4 Zehen Knoblauch, gehackt
- 1 Zwiebel rote Zwiebel, gewürfelt
- 1 Teelöffel Meersalz
- 2 Esslöffel Sherry-Kochwein
- 2½ Teelöffel frischer Thymian, gewürfelt
- 1 Pfund Linguine-Nudeln
- ¾-Tasse reservierte Flüssigkeit von gekochten Nudeln
- 6-oz. Ziegenkäse
- ¼-Tasse Haselnüsse

Wegbeschreibung:

1. Bringen Sie das Salzwasser für das Kochen der Nudeln zum Kochen.
2. Erhitzen Sie das Olivenöl in einer großen Pfanne bei mittlerer bis hoher Hitze. Fügen Sie die Pilze hinzu und braten Sie sie 10 Minuten lang an, bis sie braun werden.

3. Fügen Sie den Knoblauch, die Zwiebeln und das Salz hinzu. Sautieren Sie für 4 Minuten.

4. Den Wein einrühren und einkochen lassen, bis die Flüssigkeit verdampft ist. Mit Thymian bestreuen und beiseite stellen.

5. Kochen Sie die Nudeln im kochenden Wasser nach den Angaben des Herstellers.

6. Bevor Sie die Nudeln vollständig abgießen, reservieren Sie ¾-Tasse der Nudelflüssigkeit.

7. Geben Sie die gekochten Nudeln in eine große Servierschüssel und kombinieren Sie sie mit der Pilzmischung, der Nudelflüssigkeit und dem Ziegenkäse. Schwenken Sie die Nudeln vorsichtig, bis der Ziegenkäse vollständig geschmolzen ist.

8. Zum Servieren die Nudeln mit gehackten Haselnüssen bestreuen.

Ernährung: 331 Kalorien 12g Fette 13g Eiweiß

13. Mediterrane Makkaroni mit gewürztem Spinat

Zubereitungszeit: 5 Minuten

Kochzeit: 20 Minuten

Portionieren: 4

Zutaten:

- 2 Esslöffel Olivenöl
- 2 Zehen Knoblauch
- 1 Stk. gelbe Zwiebel
- 10 oz. frischer Babyspinat
- 2-Stück frische Tomaten
- ¼-Tasse entrahmter Mozzarella-Käse
- ½ Tasse zerbröckelter Feta-Käse
- ½-Tasse weißer Cheddar-Käse, gewürfelt
- 1-Tasse natriumarme Gemüsebrühe
- 2 Tassen Ellenbogen-Vollkornmakkaroni
- 1 Tasse ungesüßte Mandelmilch
- ½ Teelöffel Bio-Italienisches Gewürz

Wegbeschreibung:

1. Erhitzen Sie das Olivenöl in einer großen Pfanne bei mittlerer bis hoher Hitze. Fügen Sie den Knoblauch, die Zwiebeln und eine Prise Salz hinzu und braten Sie sie 3 Minuten lang an.

2. Fügen Sie den Spinat, die Tomaten, den Käse, die Gemüsebrühe, die Makkaroni, die Milch und die Gewürze hinzu. Gut mischen, bis alles gut vermischt ist. Kochen Sie die Mischung unter häufigem Rühren.

4. Reduzieren Sie die Hitze auf mittel-niedrig und decken Sie die Pfanne ab. Weitere 15 Minuten kochen, dabei alle 3 Minuten umrühren, damit die Nudelmischung nicht an der Oberfläche der Pfanne kleben bleibt.

5. Nehmen Sie die Nudeln vom Herd und rühren Sie sie um. Zum Servieren garnieren Sie die Nudeln mit Petersilie.

Ernährung: 544 Kalorien 23g Fette 22g Eiweiß

14. Frittata gefüllt mit Zucchini & Tomaten Toppings

Zubereitungszeit: 10 Minuten

Kochzeit: 15 Minuten

Portionieren: 4

Zutaten:

- 8-tlg. Eier
- ¼ Teelöffel roter Pfeffer, zerstoßen
- ¼ Teelöffel Salz
- 1 Esslöffel Olivenöl
- 1 Stk. kleine Zucchini
- ½-Tasse rote oder gelbe Kirschtomaten
- 1/3-Tasse Walnüsse, grob gehackt
- 2 oz. mundgerechte frische Mozzarella-Kugeln (Bocconcini)

Wegbeschreibung:

1. Heizen Sie den Broiler vor. Verquirlen Sie in der Zwischenzeit die Eier, den zerstoßenen roten Pfeffer und das Salz in einer mittelgroßen Schüssel. Beiseite stellen.

2. Erhitzen Sie das Olivenöl in einer 10-Zoll-Bratpfanne bei mittlerer bis hoher Hitze. Verteilen Sie die Zucchinischeiben in einer gleichmäßigen Schicht auf dem Boden der Pfanne. Braten Sie die Zucchini 3

Minuten lang und wenden Sie sie nach der Hälfte der Zeit einmal.

3. Die Zucchinischicht mit Kirschtomaten belegen. Die Eimischung über das Gemüse in die Pfanne geben. Mit Walnüssen und Mozzarellakugeln belegen.

4. Schalten Sie auf mittlere Hitze. 5 Minuten garen. Heben Sie die Frittata mit einem Spatel an, damit die ungekochten Teile der Eimischung darunter fließen können.

6. Stellen Sie die Pfanne auf den Broiler. Braten Sie die Frittata 5 Minuten lang in einem Abstand von 5 cm zur Hitze, bis die Oberseite fest ist. Schneiden Sie die Frittata zum Servieren in Keile.

Ernährung: 281 Kalorien 14g Fette 17g Eiweiß

15. Gurkensandwich-Happen

Zubereitungszeit: 5 Minuten

Kochzeit: 0 Minute

Portionen: 12

Zutaten:

- 1 Salatgurke, in Scheiben geschnitten
- 8 Scheiben Vollkornbrot
- 2 Esslöffel Frischkäse, weich
- 1 Esslöffel Schnittlauch, gehackt
- ¼ Tasse Avocado, geschält, entkernt und püriert
- 1 Teelöffel Senf
- Salz und schwarzer Pfeffer nach Geschmack

Wegbeschreibung:

1. Verteilen Sie die pürierte Avocado auf jeder Brotscheibe, verteilen Sie auch die restlichen Zutaten außer den Gurkenscheiben.
2. Die Gurkenscheiben auf den Brotscheiben verteilen, jede Scheibe dritteln, auf einer Platte anrichten und als Vorspeise servieren.

Ernährung 187 Kalorien 12,4g Fett 4,5g Kohlenhydrate 8,2g Eiweiß

16. Joghurt-Dip

Zubereitungszeit: 10 Minuten

Kochzeit: 0 Minute

Portionen: 6

Zutaten:

- 2 Tassen griechischer Joghurt
- 2 Esslöffel Pistazien, geröstet und gehackt
- Eine Prise Salz und weißer Pfeffer
- 2 Esslöffel Minze, gehackt
- 1 Esslöffel Kalamata-Oliven, entkernt und gehackt
- ¼ Tasse Zaatar-Gewürz
- ¼ Tasse Granatapfelkerne
- 1/3 Tasse Olivenöl

Wegbeschreibung:

1. Mischen Sie den Joghurt mit den Pistazien und den restlichen Zutaten, verquirlen Sie ihn gut, teilen Sie ihn auf kleine Becher auf und servieren Sie ihn mit Pita-Chips an der Seite.

Ernährung 294 Kalorien 18g Fett 2g Kohlenhydrate 10g Eiweiß

17. Tomate Bruschetta

Zubereitungszeit: 10 Minuten

Kochzeit: 10 Minuten

Portionen: 6

Zutaten:

- 1 Baguette, in Scheiben geschnitten
- 1/3 Tasse Basilikum, gehackt
- 6 Tomaten, gewürfelt
- 2 Knoblauchzehen, gehackt
- Eine Prise Salz und schwarzer Pfeffer
- 1 Teelöffel Olivenöl
- 1 Esslöffel Balsamico-Essig
- ½ Teelöffel Knoblauchpulver
- Kochspray

Wegbeschreibung:

1. Legen Sie die Baguettescheiben auf ein mit Pergamentpapier ausgelegtes Backblech, fetten Sie sie mit Kochspray ein. Für 10 Minuten bei 400 Grad backen.
2. Kombinieren Sie die Tomaten mit dem Basilikum und den restlichen Zutaten, schwenken Sie sie gut und lassen Sie sie 10 Minuten lang beiseite. Verteilen Sie die Tomatenmischung auf jeder Baguettescheibe, richten Sie sie alle auf einer Platte an und servieren Sie sie.

Ernährung 162 Kalorien 4g Fett 29g Kohlenhydrate 4g Eiweiß

18. Gefüllte Tomaten mit Oliven und Käse

Zubereitungszeit: 10 Minuten

Kochzeit: 0 Minute

Portionen: 24

Zutaten:

- 24 Kirschtomaten, oben abgeschnitten und das Innere ausgehöhlt
- 2 Esslöffel Olivenöl
- ¼ Teelöffel rote Paprikaflocken
- ½ Tasse Feta-Käse, zerbröckelt
- 2 Esslöffel schwarze Olivenpaste
- ¼ Tasse Minze, zerrissen

Wegbeschreibung:

1. Mischen Sie in einer Schüssel die Olivenpaste mit den restlichen Zutaten außer den Kirschtomaten und verquirlen Sie sie gut. Füllen Sie die Kirschtomaten mit dieser Mischung, richten Sie sie alle auf einer Platte an und servieren Sie sie als Vorspeise.

Ernährung 136 Kalorien 8,6g Fett 5,6g Kohlenhydrate 5,1g Eiweiß

19. Paprika-Tapenade

Zubereitungszeit: 10 Minuten

Kochzeit: 0 Minute

Portionen: 4

Zutaten:

- 7 Unzen geröstete rote Paprikaschoten, gehackt
- ½ Tasse Parmesan, gerieben
- 1/3 Tasse Petersilie, gehackt
- 14 Unzen Artischocken aus der Dose, abgetropft und zerkleinert
- 3 Esslöffel Olivenöl
- ¼ Tasse Kapern, abgetropft
- 1 und ½ Esslöffel Zitronensaft
- 2 Knoblauchzehen, gehackt

Wegbeschreibung:

1. Kombinieren Sie in Ihrem Mixer die rote Paprika mit dem Parmesan und den restlichen Zutaten und pulsieren Sie gut. In Tassen aufteilen und als Snack servieren.

Ernährung 200 Kalorien 5,6g Fett 12,4g Kohlenhydrate 4,6g Eiweiß

20. Koriander-Falafel

Zubereitungszeit: 10 Minuten

Kochzeit: 10 Minuten

Portionen: 8

Zutaten:

- 1 Tasse Kichererbsen aus der Dose
- 1 Bund Petersilienblätter
- 1 gelbe Zwiebel, gehackt
- 5 Knoblauchzehen, gehackt
- 1 Teelöffel Koriander, gemahlen
- Eine Prise Salz und schwarzer Pfeffer
- ¼ Teelöffel Cayennepfeffer
- ¼ Teelöffel Backpulver
- ¼ Teelöffel Kreuzkümmelpulver
- 1 Teelöffel Zitronensaft
- 3 Esslöffel Tapiokamehl
- Olivenöl zum Braten

Wegbeschreibung:

1. Kombinieren Sie in Ihrer Küchenmaschine die Bohnen mit der Petersilie, der Zwiebel und den restlichen Zutaten außer dem Öl und dem Mehl und pulsieren Sie gut. Übertragen Sie die Mischung in eine Schüssel, fügen Sie das Mehl hinzu, rühren Sie gut um, formen Sie aus dieser Mischung 16 Kugeln und drücken Sie sie etwas flach.

2. Pfanne bei mittlerer Hitze vorheizen, Falafel hineingeben, 5 Minuten auf beiden Seiten braten, in

Papiertücher geben, überschüssiges Fett abtropfen lassen, auf einer Platte anrichten und als Vorspeise servieren.

Ernährung 122 Kalorien 6,2 g Fett 12,3 g Kohlenhydrate 3,1g Eiweiß

HAUPTSCHEIBE

21. Couscous nach marokkanischer Art mit Kichererbsen

Zubereitungszeit:5 Minuten

Kochzeit: 18 Minuten

Portionen: 6

Inhaltsstoffe

- Natives Olivenöl extra - ¼ Tasse, extra zum Servieren
- Couscous - 1 ½ Tassen
- Geschälte und fein gehackte Möhren - 2
- Fein gehackte Zwiebel - 1
- Salz und Pfeffer
- Knoblauch - 3 Nelken, gehackt
- Gemahlener Koriander - 1 Teel.
- Gemahlener Ingwer - Tl.
- Gemahlene Anissamen - ¼ Teelöffel.
- Hühnerbrühe - 1 ¾ Tassen
- Kichererbsen - 1 (15-Unzen) Dose, abgespült
- Gefrorene Erbsen - 1 ½ Tassen
- Gehackte frische Petersilie oder Koriander - ½ Tasse
- Zitronenspalten

Wegbeschreibung:

1. Erhitzen Sie 2 Esslöffel Öl in einer Pfanne bei mittlerer Hitze. Couscous einrühren und 3 bis 5 Minuten kochen,

bis er gerade anfängt, braun zu werden. In eine Schüssel geben und die Pfanne reinigen.

2. Die restlichen 2 EL Öl in der Pfanne erhitzen und die Zwiebel, die Karotten und 1 TL Salz hinzufügen. 5 bis 7 Minuten braten. Anis, Ingwer, Koriander und Knoblauch einrühren. Kochen, bis sie duften (ca. 30 Sekunden).

3. Kombinieren Sie die Kichererbsen und die Brühe und bringen Sie sie zum Köcheln. Den Couscous und die Erbsen einrühren. Abdecken und vom Herd nehmen. Beiseite stellen, bis der Couscous weich ist.

4. Die Petersilie zum Couscous geben und mit einer Gabel zerdrücken, um sie zu kombinieren. Mit extra Öl bespritzen und gut würzen. Mit Zitronenspalten servieren.

Ernährung 649 Kalorien 14,2g Fett 102,8g Kohlenhydrate 30,1g Eiweiß

22. Vegetarische Paella mit grünen Bohnen und Kichererbsen

Zubereitungszeit: 10 Minuten

Zubereitungszeit: 35 Minuten

Portionen: 4

Inhaltsstoffe

- Prise Safran
- Gemüsebrühe - 3 Tassen
- Olivenöl - 1 Esslöffel.
- Gelbe Zwiebel - 1 groß, gewürfelt
- Knoblauch - 4 Nelken, in Scheiben geschnitten
- Rote Paprika - 1, gewürfelt
- Zerdrückte Tomaten - ¾ Tasse, frisch oder aus der Dose
- Tomatenmark - 2 Esslöffel.
- Scharfer Paprika - 1 ½ Teelöffel.
- Salz - 1 Teelöffel.
- Frisch gemahlener schwarzer Pfeffer - ½ Teelöffel.
- Grüne Bohnen - 1 ½ Tassen, getrimmt und halbiert
- Kichererbsen - 1 (15-Unzen) Dose, abgetropft und abgespült
- Kurzkörniger weißer Reis - 1 Tasse
- Zitrone - 1, in Keile geschnitten

Wegbeschreibung:

1. Mischen Sie die Safranfäden mit 3 Esslöffeln warmem Wasser in einer kleinen Schüssel. Bringen Sie das Wasser in einem Kochtopf bei mittlerer Hitze zum

43

Kochen. Reduzieren Sie die Hitze und lassen Sie es köcheln.

2. Braten Sie das Öl in einer Pfanne bei mittlerer Hitze. Die Zwiebel einrühren und 5 Minuten unter Rühren braten. Fügen Sie die Paprika und den Knoblauch hinzu und braten Sie sie unter Rühren 7 Minuten lang oder bis die Paprika weich ist. Die Safran-Wasser-Mischung, Salz, Pfeffer, Paprika, Tomatenmark und Tomaten einrühren.

3. Fügen Sie den Reis, die Kichererbsen und die grünen Bohnen hinzu. Rühren Sie die warme Brühe ein und bringen Sie sie zum Kochen. Die Hitze reduzieren und 20 Minuten lang zugedeckt köcheln lassen.

4. Heiß servieren, mit Zitronenspalten garnieren.

Ernährung 709 Kalorien 12g Fett 121g Kohlenhydrate 33g Eiweiß

23. Knoblauch-Garnelen mit Tomaten und Basilikum

Zubereitungszeit: 10 Minuten

Kochzeit: 10 Minuten

Portionen: 4

Inhaltsstoffe

- Olivenöl - 2 Esslöffel.
- Garnelen - 1 ¼ Pfund, geschält und entdarmt
- Knoblauch - 3 Nelken, gehackt
- Zerstoßene rote Paprikaflocken - 1/8 Teel.
- Trockener Weißwein - ¾ Tasse
- Traubentomaten - 1 ½ Tassen
- Fein gehacktes frisches Basilikum - ¼ Tasse, plus mehr zum Garnieren
- Salz - ¾ Teelöffel.
- Gemahlener schwarzer Pfeffer - ½ Teelöffel.

Wegbeschreibung:

1. In einer Pfanne Öl bei mittlerer bis hoher Hitze erhitzen. Garnelen einrühren und 1 Minute lang braten. Auf einen Teller übertragen.

2. Geben Sie die roten Paprikaflocken und den Knoblauch zum Öl in die Pfanne und kochen Sie unter Rühren 30 Sekunden lang. Den Wein einrühren und kochen, bis er etwa um die Hälfte reduziert ist.

3. Fügen Sie die Tomaten hinzu und braten Sie sie unter Rühren an, bis die Tomaten anfangen zu zerfallen (ca. 3 bis 4 Minuten). Die reservierten Garnelen, Salz, Pfeffer

45

und Basilikum einrühren. Weitere 1 bis 2 Minuten kochen.

4. Mit dem restlichen Basilikum garniert servieren.

Ernährung 282 Kalorien 10g Fett 7g Kohlenhydrate 33g Eiweiß

24. Shrimp Paella

Zubereitungszeit: 10 Minuten

Kochzeit: 25 Minuten

Portionen: 4

Inhaltsstoffe

- Olivenöl - 2 Esslöffel.
- Mittlere Zwiebel - 1, gewürfelt
- Rote Paprika - 1, gewürfelt
- Knoblauch - 3 Nelken, gehackt
- Prise Safran
- Scharfer Paprika - ¼ Teelöffel.
- Salz - 1 Teelöffel.
- Frisch gemahlener schwarzer Pfeffer - ½ Teelöffel.
- Hühnerbrühe - 3 Tassen, geteilt
- Kurzkörniger weißer Reis - 1 Tasse
- Geschälte und entdarmte große Garnelen - 1 Pfund
- Gefrorene Erbsen - 1 Tasse, aufgetaut

Wegbeschreibung:

1. Erhitzen Sie das Olivenöl in einer Pfanne. Geben Sie die Zwiebel und die Paprika hinein und braten Sie sie unter Rühren 6 Minuten lang, oder bis sie weich sind. Salz, Pfeffer, Paprika, Safran und Knoblauch hinzufügen und mischen. 2 ½ Tassen Brühe und Reis einrühren.

2. Lassen Sie die Mischung aufkochen und dann köcheln, bis der Reis gar ist, etwa 12 Minuten. Legen Sie die

Garnelen und Erbsen über den Reis und geben Sie die restliche ½ Tasse Brühe hinzu.

3. Setzen Sie den Deckel wieder auf die Pfanne und kochen Sie, bis alle Garnelen gerade durchgegart sind (ca. 5 Minuten). Servieren.

Nährwert 409 Kalorien 10g Fett 51g Kohlenhydrate 25g Eiweiß

25. Linsensalat mit Oliven, Minze und Feta

Zubereitungszeit: 1 Stunde

Kochzeit: 1 Stunde

Portionen: 6

Inhaltsstoffe

- Salz und Pfeffer
- Französische Linsen - 1 Tasse, überlesen und gespült
- Knoblauch - 5 Nelken, leicht zerdrückt und geschält
- Lorbeerblatt - 1
- Natives Olivenöl extra - 5 Esslöffel.
- Weißweinessig - 3 Esslöffel.
- Entsteinte Kalamata-Oliven - ½ Tasse, gehackt
- Gehackte frische Minze - ½ Tasse
- Schalotte - 1 groß, gehackt
- Feta-Käse - 1 Unze, zerkrümelt

Wegbeschreibung:

1. Geben Sie 4 Tassen warmes Wasser und 1 Teelöffel Salz in eine Schüssel. Die Linsen hinzufügen und bei Raumtemperatur 1 Stunde lang einweichen. Gut abtropfen lassen.

2. Stellen Sie den Backofen auf die mittlere Schiene und heizen Sie den Ofen auf 325 F auf. Kombinieren Sie die Linsen, 4 Tassen Wasser, Knoblauch, Lorbeerblatt und ½ Teelöffel Salz in einem Topf. Stellen Sie den Topf zugedeckt in den Ofen und kochen Sie ihn 40 bis 60 Minuten lang, bis die Linsen weich sind.

49

3. Die Linsen gut abtropfen lassen, Knoblauch und Lorbeerblatt wegwerfen. In einer großen Schüssel Öl und Essig zusammen verrühren. Fügen Sie Schalotte, Minze, Oliven und Linsen hinzu und schwenken Sie sie, um sie zu kombinieren.

4. Mit Salz und Pfeffer nach Geschmack würzen. Schön in der Servierschale anrichten und mit Feta garnieren. Servieren.

Ernährung 249 Kalorien 14,3g Fett 22,1g Kohlenhydrate 9,5g Eiweiß

26. Kichererbsen mit Knoblauch und Petersilie

Zubereitungszeit: 5 Minuten

Kochzeit: 20 Minuten

Portionen: 6

Inhaltsstoffe

- Natives Olivenöl extra - ¼ Tasse
- Knoblauch - 4 Nelken, in dünne Scheiben geschnitten
- Rote Paprikaflocken - 1/8 Teel.
- Zwiebel - 1, gehackt
- Salz und Pfeffer
- Kichererbsen - 2 (15-Unzen) Dosen, abgespült
- Hühnerbrühe - 1 Tasse
- Gehackte frische Petersilie - 2 Esslöffel.
- Zitronensaft - 2 Teelöffel.

Wegbeschreibung:

1. 3 Esslöffel Öl in eine Pfanne geben und Knoblauch und Paprikaflocken 3 Minuten lang braten. Zwiebel und ¼ Teelöffel Salz einrühren und 5 bis 7 Minuten kochen.

2. Die Kichererbsen und die Brühe einrühren und zum Köcheln bringen. Hitze reduzieren und bei niedriger Hitze 7 Minuten lang zugedeckt köcheln lassen.

3. Decken Sie den Deckel ab, stellen Sie die Hitze auf hoch und kochen Sie 3 Minuten lang, oder bis alle Flüssigkeit verdampft ist. Beiseite stellen und den Zitronensaft und die Petersilie einrühren.

4. Mit Salz und Pfeffer abschmecken. Mit 1 Esslöffel Öl beträufeln und servieren.

Ernährung 611 Kalorien 17,6g Fett 89,5g Kohlenhydrate 28,7g Eiweiß

27. Gedünstete Kichererbsen mit Auberginen und Tomaten

Zubereitungszeit: 10 Minuten

Kochzeit: 1 Stunde

Portionen: 6

Inhaltsstoffe

- Natives Olivenöl extra - ¼ Tasse
- Zwiebeln - 2, gehackt
- Grüne Paprika - 1, fein gehackt
- Salz und Pfeffer
- Knoblauch - 3 Nelken, gehackt
- Gehackter frischer Oregano - 1 Esslöffel.
- Lorbeerblätter - 2
- Aubergine - 1 Pfund, in 1-Zoll-Stücke geschnitten
- Ganze geschälte Tomaten - 1, Dose, abgetropft mit Saftreserve, gehackt
- Kichererbsen - 2 (15-Unzen-) Dosen, abgetropft mit 1 Tasse Flüssigkeit reserviert

Wegbeschreibung:

1. Den Ofenrost in die untere Mitte schieben und den Ofen auf 400 F erhitzen. Paprika, Zwiebeln, ½ Teelöffel Salz und ¼ Teelöffel Pfeffer hinzufügen. 5 Minuten unter Rühren braten.

2. 1 Teelöffel Oregano, Knoblauch und Lorbeerblätter einrühren und 30 Sekunden lang kochen. Tomaten, Auberginen, reservierten Saft, Kichererbsen und reservierte Flüssigkeit einrühren und zum Kochen

53

bringen. Den Topf in den Ofen schieben und 45 bis 60 Minuten zugedeckt kochen. Dabei zweimal umrühren.

3. Entsorgen Sie die Lorbeerblätter. Die restlichen 2 Teelöffel Oregano unterrühren und mit Salz und Pfeffer abschmecken. Servieren.

Ernährung 642 Kalorien 17,3g Fett 93,8g Kohlenhydrate 29,3g Eiweiß

28. Griechischer Zitronenreis

Zubereitungszeit: 20 Minuten

Kochzeit: 45 Minuten

Portionen: 6

Inhaltsstoffe

- Langkornreis - 2 Tassen, ungekocht (20 Minuten in kaltem Wasser eingeweicht, dann abgetropft)
- Natives Olivenöl extra - 3 Esslöffel.
- Gelbe Zwiebel - 1 Medium, gehackt
- Knoblauch - 1 Zehe, gehackt
- Orzo-Nudeln - ½ Tasse
- Saft von 2 Zitronen, plus Schale von 1 Zitrone
- Natriumarme Brühe - 2 Tassen
- Prise Salz
- Gehackte Petersilie - 1 große Handvoll
- Dill Unkraut - 1 Teelöffel.

Wegbeschreibung:

1. Erhitzen Sie in einem Kochtopf 3 EL natives Olivenöl extra. Fügen Sie die Zwiebeln hinzu und braten Sie sie unter Rühren 3 bis 4 Minuten lang an. Fügen Sie die Orzo-Nudeln und den Knoblauch hinzu und schwenken Sie sie, um sie zu vermischen.
2. Schwenken Sie dann den Reis, um ihn zu bedecken. Die Brühe und den Zitronensaft hinzufügen. Aufkochen und die Hitze reduzieren. Schließen und 20 Minuten lang kochen.

3. Vom Herd nehmen. Abdecken und 10 Minuten beiseite stellen. Nehmen Sie den Deckel ab und rühren Sie die Zitronenschale, das Dillkraut und die Petersilie ein. Servieren.

Ernährung 145 Kalorien 6,9g Fett 18,3g Kohlenhydrate 3,3g Eiweiß

GEMÜSE UND BEILAGEN

29. Gefüllte Paprika

Zubereitungszeit: 15 Minuten

Kochzeit: 4 Stunden

Portionen: 4

Zutaten:

- 2 Esslöffel kaltgepresstes Olivenöl
- 4 große Paprikaschoten, beliebige Farbe
- ½ Tasse ungekochter Couscous
- 1 Teelöffel Oregano
- 1 Knoblauchzehe, gehackt
- 1 Tasse zerbröckelter Feta-Käse
- 1 (425 g) Dose Cannellini-Bohnen, abgespült und abgetropft
- Salz und Pfeffer, nach Geschmack
- 1 Zitronenspalten
- 4 grüne Zwiebeln

Richtung:

1. Schneiden Sie eine ½-Zoll-Scheibe unterhalb des Stiels vom oberen Teil der Paprika. Verwerfen Sie nur den Stiel und hacken Sie den geschnittenen oberen Teil unter dem Stiel, und bewahren Sie ihn in einer Schüssel auf. Höhlen Sie die Paprika mit einem Löffel aus. Fetten Sie den langsamen Kocher mit Öl ein.

2. Geben Sie die restlichen Zutaten, außer den grünen Teilen der grünen Zwiebel und den Zitronenspalten, in die Schüssel mit der gehackten Paprikaschote. Rühren Sie um, um sie gut zu vermischen. Löffeln Sie die Mischung in die ausgehöhlten Paprikaschoten und ordnen Sie die gefüllten Paprikaschoten im Slow Cooker an, dann beträufeln Sie sie mit mehr Olivenöl.

3. Verschließen Sie den Deckel des Schongarers und kochen Sie ihn auf HIGH für 4 Stunden oder bis die Paprika weich sind.

4. Nehmen Sie die Paprikaschoten aus dem Langsamkocher und servieren Sie sie auf einem Teller. Mit den grünen Teilen der Frühlingszwiebeln bestreuen und vor dem Servieren die Zitronenspalten darüber auspressen.

Ernährung 246 Kalorien 9g Fett 6,5g Kohlenhydrate 11,1g Eiweiß

30. Mit Kohl gefüllte Brötchen

Zubereitungszeit: 15 Minuten

Kochzeit: 2 Stunden

Portionen: 4

Zutaten:

- 4 Esslöffel Olivenöl, geteilt
- 1 großer Kopf Grünkohl, entkernt
- 1 große gelbe Zwiebel, gehackt
- 85 g Feta-Käse, zerkrümelt
- ½ Tasse getrocknete Johannisbeeren
- 3 Tassen gekochte Perlgraupen
- 2 Esslöffel frische Blattpetersilie, gehackt
- 2 Esslöffel Pinienkerne, geröstet
- ½ Teelöffel Meersalz
- ½ Teelöffel schwarzer Pfeffer
- 425 g (15 Unzen) zerdrückte Tomaten, mit dem Saft
- 1 Esslöffel Apfelessig
- ½ Tasse Apfelsaft

Wegbeschreibung:

1. Pinseln Sie den Einsatz des Schongarers mit 2 Esslöffeln Olivenöl aus. Blanchieren Sie den Kohl in einem Topf mit Wasser für 8 Minuten. Nehmen Sie ihn aus dem Wasser und stellen Sie ihn beiseite. Trennen Sie dann 16 Blätter vom Kohl. Beiseite stellen.

2. Beträufeln Sie das restliche Olivenöl in einer beschichteten Pfanne und erhitzen Sie es bei mittlerer Hitze. Rühren Sie die Zwiebel in die Pfanne und braten

Sie sie, bis die Zwiebel und die Paprika weich sind. Geben Sie die Zwiebel in eine Schüssel.

3. Feta-Käse, Korinthen, Gerste, Petersilie und Pinienkerne in die Schüssel mit den gekochten Zwiebeln geben, dann mit ¼ Teelöffel Salz und ¼ Teelöffel schwarzem Pfeffer bestreuen.

4. Legen Sie die Kohlblätter auf eine saubere Arbeitsfläche. Schöpfen Sie 1/3 Tasse der Mischung in die Mitte jedes Blattes, falten Sie dann den Rand auf die Mischung und rollen Sie es auf. Legen Sie die Kohlrouladen mit der Nahtseite nach unten in den Slow Cooker.

5. Vermengen Sie die restlichen Zutaten in einer separaten Schüssel und gießen Sie die Mischung dann über die Kohlrouladen. Verschließen Sie den Deckel des Schongarers und kochen Sie ihn 2 Stunden lang auf HIGH. Nehmen Sie die Kohlrouladen aus dem Schnellkochtopf und servieren Sie sie warm.

Nährwert 383 Kalorien 14,7g Fett 12,9g Kohlenhydrate 10,7g Eiweiß

31. Rosenkohl mit Balsamico-Glasur

Zubereitungszeit: 15 Minuten

Kochzeit: 2 Stunden

Portionen: 6

Zutaten:

- 1 Tasse Balsamico-Essig
- ¼ Tasse Honig
- 2 Esslöffel kaltgepresstes Olivenöl
- 2 Pfund (907 g) Rosenkohl, geputzt und halbiert
- 2 Tassen natriumarme Gemüsebrühe
- 1 Teelöffel Meersalz
- Frisch gemahlener schwarzer Pfeffer, zum Abschmecken
- ¼ Tasse Parmesankäse, gerieben
- ¼ Tasse Pinienkerne

Wegbeschreibung:

1. Machen Sie die Balsamico-Glasur: Balsamico-Essig und Honig in einen Topf geben und gut verrühren. Bringen Sie das Ganze bei mittlerer bis hoher Hitze zum Kochen. Reduzieren Sie die Hitze auf niedrig und köcheln Sie dann 20 Minuten oder bis die Glasur auf die Hälfte reduziert ist und eine dicke Konsistenz hat. Geben Sie etwas Olivenöl in den Einsatz des langsamen Kochers.

2. Geben Sie den Rosenkohl, die Gemüsebrühe und ½ Teelöffel Salz in den Schongarer, rühren Sie um. Verschließen Sie den Deckel des Schongarers und

kochen Sie ihn 2 Stunden lang auf HIGH, bis der Rosenkohl weich ist.

3. Geben Sie den Rosenkohl auf einen Teller und würzen Sie ihn mit dem restlichen Salz und schwarzem Pfeffer. Die Balsamico-Glasur über den Rosenkohl spritzen, dann mit Parmesan und Pinienkernen servieren.

Ernährung 270 Kalorien 10,6g Fett 6,9g Kohlenhydrate 8,7g Eiweiß

32. Spinat-Salat mit Zitrus-Vinaigrette

Zubereitungszeit: 10 Minuten

Kochzeit: 0 Minute

Portionen: 4

Zutaten:

Zitrus-Vinaigrette:

- ¼ Tasse kaltgepresstes Olivenöl
- 3 Esslöffel Balsamico-Essig
- ½ Teelöffel frische Zitronenschale
- ½ Teelöffel Salz

Salat:

- 1 Pfund (454 g) Babyspinat, gewaschen, Stiele entfernt
- 1 große reife Tomate, in ¼-Zoll-Stücke geschnitten
- 1 mittelgroße rote Zwiebel, in dünne Scheiben geschnitten

Wegbeschreibung:

1. Bereiten Sie die Zitrusvinaigrette zu: Verrühren Sie das Olivenöl, den Balsamico-Essig, die Zitronenschale und das Salz in einer Schüssel, bis sie gut vermischt sind.

2. Machen Sie den Salat: Geben Sie den Babyspinat, die Tomate und die Zwiebeln in eine separate Salatschüssel. Füllen Sie die Zitrusvinaigrette über den

Salat und schwenken Sie sie vorsichtig, bis das Gemüse gut überzogen ist.

Ernährung 173 Kalorien 14,2g Fett 4,2g Kohlenhydrate 4,1g Eiweiß

33. Einfacher Sellerie-Orangen-Salat

Zubereitungszeit: 15 Minuten

Kochzeit: 0 Minute

Portionen: 6

Zutaten:

Salat:

- 3 Stangen Staudensellerie, einschließlich Blätter, schräg in ½-Zoll-Scheiben geschnitten
- ½ Tasse grüne Oliven
- ¼ Tasse geschnittene rote Zwiebel
- 2 große, geschälte Orangen, in Scheiben geschnitten

Abrichten:

- 1 Esslöffel kaltgepresstes Olivenöl
- 1 Esslöffel Zitronen- oder Orangensaft
- 1 Esslöffel Olivenlake
- ¼ Teelöffel koscheres oder Meersalz
- ¼ Teelöffel frisch gemahlener schwarzer Pfeffer

Wegbeschreibung:

1. Bereiten Sie den Salat zu: Geben Sie die Selleriestangen, grünen Oliven, Zwiebeln und Orangen in eine flache Schüssel. Gut mischen und beiseite stellen.

2. Machen Sie das Dressing: Rühren Sie das Olivenöl, den Zitronensaft, die Olivenlake, das Salz und den Pfeffer gut durch.

3. Füllen Sie das Dressing in die Salatschüssel und schwenken Sie es leicht, bis es gut überzogen ist.

4. Servieren Sie ihn gekühlt oder bei Raumtemperatur.

Ernährung 24 Kalorien 1,2g Fett 1,2g Kohlenhydrate 1,1g Eiweiß

34. Reis mit Vermicelli

Zubereitungszeit: 5 Minuten

Kochzeit: 45 Minuten

Portionieren: 6

Inhaltsstoffe

- 2 Tassen Kurzkornreis
- 3½ Tassen Wasser
- ¼ Tasse Olivenöl
- 1 Tasse gebrochene Fadennudeln
- Salz

Richtung

1. Tauchen Sie den Reis unter kaltem Wasser ein, bis das Wasser sauber abläuft. Legen Sie den Reis in eine Schüssel, bedecken Sie ihn mit Wasser und lassen Sie ihn 10 Minuten lang einweichen. Abgießen und beiseite stellen.

2. Erhitzen Sie das Olivenöl in einem mittleren Topf bei mittlerer Hitze.

3. Die Fadennudeln einrühren und 2 bis 3 Minuten unter ständigem Rühren kochen, bis sie goldgelb sind.

4. Reis einrühren und unter Rühren 1 Minute kochen, damit der Reis gut mit dem Öl bedeckt ist.

5. Gießen Sie Wasser und eine Prise Salz hinzu und bringen Sie die Flüssigkeit zum Kochen. Stellen Sie die

Hitze auf niedrig, decken Sie den Topf ab und lassen Sie ihn 20 Minuten lang köcheln.

6. Vom Herd nehmen und zugedeckt 10 Minuten ruhen lassen. Mit einer Gabel auflockern und servieren.

Ernährung: 349 Kalorien 19g Fett 17g Eiweiß

35. Fava-Bohnen und Reis

Zubereitungszeit: 10 Minuten

Zubereitungszeit: 35 Minuten

Portionieren: 4

Zutaten:

- ¼ Tasse Olivenöl
- 4 Tassen frische Favabohnen
- 4½ Tassen Wasser
- 2 Tassen Basmati-Reis
- 1/8 Teelöffel Salz
- 1/8 Teelöffel schwarzer Pfeffer
- 2 Esslöffel Pinienkerne, geröstet
- ½ Tasse gehackter frischer Knoblauch-Schnittlauch

Richtung:

1. Erhitzen Sie das Olivenöl in einem großen Kochtopf bei mittlerer Hitze.

2. Geben Sie die Favabohnen hinzu und beträufln Sie sie mit etwas Wasser. 10 Minuten lang kochen.

3. Rühren Sie den Reis behutsam ein. Fügen Sie das Wasser, Salz und Pfeffer hinzu. Erhöhen Sie die Hitze und bringen Sie die Mischung zum Kochen. Schließen,

die Hitze auf niedrig stellen und dann 15 Minuten lang köcheln lassen.

4. Schalten Sie die Hitze aus und lassen Sie die Mischung vor dem Servieren 10 Minuten lang ruhen. Mit gerösteten Pinienkernen und Schnittlauch bestreuen.

Ernährung: 587 Kalorien 17g Fett 17g Eiweiß.

36. Frische, buttrige Fava-Bohnen

Zubereitungszeit: 30 Minuten

Kochzeit: 15 Minuten

Portionieren: 4

Inhaltsstoffe

- ½ Tasse Gemüsebrühe
- 4 Pfund Favabohnen
- ¼ Tasse frischer Estragon
- 1 Teelöffel gehackter frischer Thymian
- ¼ Teelöffel schwarzer Pfeffer
- 1/8 Teelöffel Salz
- 2 Esslöffel Butter
- 1 Knoblauchzehe, gehackt
- 2 Esslöffel gehackte frische Petersilie

Richtung:

1. Bringen Sie die Gemüsebrühe in einem flachen Topf bei mittlerer Hitze zum Kochen.

2. Die Favabohnen, 2 Esslöffel Estragon, den Thymia, Pfeffer und Salz hinzufügen. 10 Minuten lang kochen.

3. Rühren Sie die Butter, den Knoblauch und die restlichen 2 Esslöffel Estragon ein. 2 bis 3 Minuten kochen lassen.

4. Mit der Petersilie bestreuen.

Ernährung: 458 Kalorien 9g Fett 37g Eiweiß

37. Farik

Zubereitungszeit: 10 Minuten

Kochzeit: 40 Minuten

Portionieren: 4

Zutaten:

- 4 Esslöffel Ghee

- 1 Zwiebel, gehackt

- 3½ Tassen Gemüsebrühe

- 1 Teelöffel gemahlener Piment

- 2 Tassen Freekeh

- 2 Esslöffel Pinienkerne

Richtung

1. Schmelzen Sie das Ghee in einem Kochtopf mit schwerem Boden bei mittlerer Hitze.

2. Die Zwiebel einrühren und ca. 5 Minuten unter ständigem Rühren kochen, bis die Zwiebel golden ist.

3. Gießen Sie die Gemüsebrühe dazu, fügen Sie den Piment hinzu und bringen Sie das Ganze zum Kochen.

4. Rühren Sie das Freekeh ein und bringen Sie die Mischung zum Kochen. Schalten Sie die Hitze auf niedrig, schließen Sie sie und köcheln Sie 30 Minuten lang, wobei Sie gelegentlich umrühren.

5. Löffeln Sie das Freekeh in eine Servierschale und geben
    Sie die gerösteten Pinienkerne darüber.

Ernährung: 459 Kalorien 18g Fett 19g Eiweiß

38. Gebratene Reiskugeln

Zubereitungszeit: 15 Minuten

Kochzeit: 20 Minuten

Portionieren: 4

Zutaten:

- 1 Tasse Semmelbrösel
- 2 Tassen gekochter Risotto
- 2 große Eier, geteilt
- ¼ Tasse frisch geriebener Parmesankäse
- 8 frische Baby-Mozzarella-Kugeln
- 2 Esslöffel Wasser
- 1 Tasse Maisöl
- 1 Tasse Basic-Tomaten-Basilikum-Sauce

Richtung

1. Die Semmelbrösel in eine kleine Schüssel geben und beiseite stellen.

2. Risotto, 1 Ei und den Parmesankäse unterrühren, bis alles gut vermischt ist.

3. Befeuchten Sie Ihre Hände mit etwas Wasser, um ein Verkleben zu verhindern, und portionieren Sie die Risottomasse in 8 Stücke. Legen Sie sie auf eine saubere Arbeitsfläche und drücken Sie jedes Stück flach.

4. Legen Sie jeweils 1 Mozzarellakugel auf die flachgedrückte Reisscheibe. Schließen Sie den Reis um

den Mozzarella zu einer Kugel. Wiederholen Sie den Vorgang, bis Sie alle Kugeln fertig haben.

5. In derselben mittelgroßen, nun leeren Schüssel das restliche Ei und das Wasser verquirlen.

6. Weichen Sie jede vorbereitete Risottokugel in der Eierwäsche ein und wälzen Sie sie in den Semmelbröseln. Beiseite stellen.

7. Erhitzen Sie das Maisöl in einer großen Sauteuse oder Pfanne bei starker Hitze für ca. 3 Minuten.

8. Die Risottokugeln sanft in das heiße Öl senken und 5 bis 8 Minuten frittieren. Rühren Sie sie bei Bedarf um, um sicherzustellen, dass die gesamte Oberfläche frittiert ist. Geben Sie die frittierten Bällchen mit einem Schaumlöffel zum Abtropfen auf Papiertücher.

9. Erhitzen Sie die Tomatensauce in einem mittelgroßen Topf bei mittlerer Hitze unter gelegentlichem Rühren 5 Minuten und servieren Sie die warme Sauce zu den Reisbällchen.

Ernährung: 255 Kalorien 15g Fett 11g Eiweiß

SUPPE UND EINTOPF REZEPTE

39. Hühner-Nudel-Suppe

Zubereitungszeit: 9 Minuten

Zubereitungszeit: 35 Minuten

Portionieren: 6

Zutaten:

- 1 Esslöffel Olivenöl
- 1 1/2 Tassen Karotten
- 1 1/2 Tasse gewürfelter Sellerie
- 1 Tasse gehackte gelbe Zwiebel
- 3 Esslöffel gehackter Knoblauch
- 8 Tassen natriumarme Hühnerbrühe
- 2 Teelöffel gehackter frischer Thymian
- 2 Teelöffel gehackter frischer Rosmarin
- 1 Lorbeerblatt
- 2 1/2 lbs. Hähnchenschenkel
- 3 Tassen breite Eiernudeln
- 1 Esslöffel frischer Zitronensaft
- 1/4 Tasse gehackte frische Petersilie

Wegbeschreibung:

1. Olivenöl im Einsatz des Instant Pot auf Sauté-Modus vorheizen.

2. Zwiebel, Sellerie und Karotten hinzufügen und minutenlang anbraten.

3. Knoblauch einrühren und 1 Minute lang anbraten.

4. Lorbeerblatt, Thymian, Brühe, Rosmarin, Salz und Pfeffer hinzufügen.

5. Verschließen und sichern Sie den Deckel des Instant Pot und wählen Sie den manuellen Modus für 10 Minuten bei hohem Druck.

6. Lassen Sie anschließend den Druck vollständig ab und nehmen Sie den Deckel ab.

7. Geben Sie die Nudeln in den Einsatz und schalten Sie den Instant Pot in den Sautiermodus.

8. Kochen Sie die Suppe 6 Minuten lang, bis die Nudeln gar sind.

9. Ziehen Sie das Hähnchen heraus und zerkleinern Sie es mit einer Gabel.

10. Geben Sie das Huhn zurück in die Suppe und fügen Sie Zitronensaft und Petersilie hinzu.

Ernährung: 333 Kalorien 44,7 g Eiweiß 13,7 g Fett

40. Käsige Brokkoli-Suppe

Zubereitungszeit: 11 Minuten

Kochzeit: 30 Minuten

Portionieren: 4

Zutaten:

- ½ Tasse schwere Schlagsahne
- 1 Tasse Brokkoli
- 1 Tasse Cheddar-Käse
- Salz, nach Geschmack
- 1½ Tassen Hühnerbrühe

Wegbeschreibung:

1. Hühnerbrühe in einem großen Topf kochen und Brokkoli hinzufügen.
2. Kochen Sie und rühren Sie die restlichen Zutaten ein.
3. Bei niedriger Hitze 21 Minuten lang köcheln lassen.
4. In eine Schüssel umfüllen und heiß servieren.

Ernährung: 188 Kalorien 15g Fette 9,8g Eiweiß

41. Reichhaltige Kartoffelsuppe

Zubereitungszeit: 6 Minuten

Kochzeit: 30 Minuten

Portionieren: 4

Zutaten:

- 1 Esslöffel Butter
- 1 mittelgroße Zwiebel, gewürfelt
- 3 Knoblauchzehen, gehackt
- 3 Tassen Hühnerbrühe
- 1 Dose/Dose Hühnercremesuppe
- 7-8 mittelgroße russische Kartoffeln
- 1 1/2 Teelöffel Salz
- 1 Tasse Milch
- 1 Esslöffel Mehl
- 2 Tassen geschredderter Cheddar-Käse

Garnieren:

- 5-6 Scheiben Speck, gewürfelt
- Grüne Zwiebeln in Scheiben geschnitten
- Geriebener Cheddar-Käse

Wegbeschreibung:

1. Erhitzen Sie die Butter im Einsatz des Instant Pot auf Sauté-Modus.

2. Zwiebeln zugeben und 4 Minuten lang anbraten, bis sie weich sind.

3. Knoblauch einrühren und 1 Minute lang anbraten.

4. Geben Sie Kartoffeln, Hühnercreme, Brühe, Salz und Pfeffer in den Einsatz.

5. Gut mischen, dann den Deckel verschließen und verriegeln.

6. Kochen Sie diese Mischung 10 Minuten lang im manuellen Modus mit hohem Druck.

7. In der Zwischenzeit Mehl mit Milch in einer Schüssel mischen und beiseite stellen.

8. Sobald der Instant Pot piept, lassen Sie den Druck vollständig ab.

9. Entfernen Sie den Deckel des Instant Pot und schalten Sie den Instant Pot in den Sauté-Modus.

10. Mehlbrei eingießen und unter Rühren 5 Minuten kochen, bis er eindickt.

11. Fügen Sie 2 Tassen Cheddar-Käse hinzu und lassen Sie ihn schmelzen.

12. Garnieren Sie es nach Belieben.

Ernährung: 784 Kalorien 34g Eiweiß; 46,5g Fett

42. Mediterrane Linsensuppe

Zubereitungszeit: 9 Minuten

Kochzeit: 20 Minuten

Portionieren: 4

Zutaten:

- 1 Esslöffel Olivenöl
- 1/2 Tasse rote Linsen
- 1 mittelgroße gelbe oder rote Zwiebel
- 2 Knoblauchzehen
- 1/2 Teelöffel gemahlener Kreuzkümmel
- 1/2 Teelöffel gemahlener Koriander
- 1/2 Teelöffel gemahlener Sumach
- 1/2 Teelöffel rote Chiliflocken
- 1/2 Teelöffel getrocknete Petersilie
- 3/4 Teelöffel getrocknete Minzblättchen
- 2,5 Tassen Wasser
- Saft von 1/2 Limette

Wegbeschreibung:

1. Erhitzen Sie Öl im Einsatz Ihres Instant Pot auf Sauté-Modus.

2. Zwiebel hinzufügen und anbraten, bis sie goldbraun wird.

3. Knoblauch, Petersilienzucker, Minzflocken, rote Chiliflocken, Sumach, Koriander und Kreuzkümmel untermischen.

4. Kochen Sie diese Mischung unter Rühren 2 Minuten lang.

5. Wasser, Linsen, Salz und Pfeffer hinzufügen. Vorsichtig umrühren.

6. Verschließen Sie den Deckel des Instant Pot und wählen Sie den manuellen Modus für 8 Minuten bei hohem Druck.

7. Lassen Sie anschließend den Druck vollständig ab und nehmen Sie den Deckel ab.

8. Gut umrühren und dann den Limettensaft hinzufügen.

Ernährung: 525 Kalorien 30g Eiweiß 19,3g Fett

FLEISCHREZEPTE

43. Salat aus braunem Reis, Feta, frischen Erbsen und Minze

Zubereitungszeit: 10 Minuten

Kochzeit: 25 Minuten

Portionen: 4

Inhaltsstoffe

- 2 c. brauner Reis
- 3 c. Wasser
- Salz
- 141,7 g zerkrümelter Fetakäse
- 2 c. gekochte Erbsen
- ½ c. gehackte Minze, frisch
- 2 Esslöffel Olivenöl
- Salz und Pfeffer

Wegbeschreibung:

1. Geben Sie den braunen Reis, das Wasser und das Salz in einen Topf bei mittlerer Hitze, decken Sie ihn ab und bringen Sie ihn zum Kochen. Drehen Sie die Hitze herunter und lassen Sie ihn kochen, bis sich das Wasser aufgelöst hat und der Reis weich, aber bissfest ist. Vollständig abkühlen lassen

2. Feta, Erbsen, Minze, Olivenöl, Salz und Pfeffer in eine Salatschüssel mit dem abgekühlten Reis geben und durchmischen. Servieren und genießen!

Ernährung 613 Kalorien 18,2g Fett 45g Kohlenhydrate 12g Eiweiß

44. Vollkorn-Pita-Brot gefüllt mit Oliven und Kichererbsen

Zubereitungszeit: 10 Minuten

Kochzeit 20 Minuten

Portionen: 2

Inhaltsstoffe

- 2 Vollkorn-Pitataschen
- 2 Esslöffel Olivenöl
- 2 Knoblauchzehen, gehackt
- 1 Zwiebel, gehackt
- ½ Teelöffel Kreuzkümmel
- 10 schwarze Oliven, gehackt
- 2 c. gekochte Kichererbsen
- Salz und Pfeffer

Wegbeschreibung:

1. Schneiden Sie die Pitataschen auf und stellen Sie sie beiseite. Stellen Sie die Hitze auf mittlere Stufe und legen Sie eine Pfanne bereit. Geben Sie das Olivenöl hinein und erhitzen Sie es. Knoblauch, Zwiebeln und Kreuzkümmel in die heiße Pfanne geben und umrühren, bis die Zwiebeln weich werden und der Kreuzkümmel duftet. Oliven, Kichererbsen, Salz und Pfeffer hinzufügen und alles zusammen schwenken, bis die Kichererbsen golden werden

2. Nehmen Sie die Pfanne vom Herd und zerdrücken Sie die Kichererbsen mit einem Holzlöffel grob, sodass einige intakt bleiben und andere zerdrückt werden

Erhitzen Sie Ihre Pitataschen in der Mikrowelle, im Ofen oder auf einer sauberen Pfanne auf dem Herd

3. Füllen Sie sie mit Ihrer Kichererbsenmischung und genießen Sie sie!

Ernährung 503 Kalorien 19g Fett 14g Kohlenhydrate 15,7g Eiweiß

45. Gebratene Möhren mit Walnüssen und Cannellini-Bohnen

Zubereitungszeit: 10 Minuten

Kochzeit: 45 Minuten

Portionen: 4

Inhaltsstoffe

- 4 geschälte Möhren, gehackt
- 1 c. Walnüsse
- 1 Esslöffel Honig
- 2 Esslöffel Olivenöl
- 2 c. Cannellini-Bohnen aus der Dose, abgetropft
- 1 frischer Thymianzweig
- Salz und Pfeffer

Wegbeschreibung:

1. Stellen Sie den Ofen auf 400 F/204 C und legen Sie ein Backblech oder eine Bratpfanne mit Backpapier aus Legen Sie die Karotten und Walnüsse auf das ausgelegte Blech oder die Pfanne Geben Sie Olivenöl und Honig über die Karotten und Walnüsse und reiben Sie alles ein, um sicherzustellen, dass jedes Stück bedeckt ist

2. Fügen Sie den Thymian hinzu und bestreuen Sie alles mit Salz und Pfeffer. Stellen Sie das Blech in den Ofen und braten Sie es etwa 40 Minuten lang.

3. Servieren und genießen **Ernährung** 385 Kalorien 27g Fett 6g Kohlenhydrate 18g Eiweiß

46. Gewürztes Butterhähnchen

Zubereitungszeit: 10 Minuten

Kochzeit: 20 Minuten

Portionen: 4

Inhaltsstoffe

- ½ c. Schwere Schlagsahne
- 1 Esslöffel Salz
- ½ c. Knochenbrühe
- 1 Esslöffel Pfeffer
- 4 Esslöffel Butter
- 4 Hähnchenbrusthälften

Wegbeschreibung:

1. Stellen Sie eine Bratpfanne bei mittlerer Hitze auf Ihren Ofen und geben Sie einen Esslöffel Butter hinein. Sobald die Butter warm und geschmolzen ist, legen Sie das Hähnchen hinein und braten es fünf Minuten lang auf jeder Seite. Am Ende dieser Zeit sollte das Hähnchen durchgebraten und goldbraun sein; wenn dies der Fall ist, können Sie es auf einen Teller legen.

2. Als nächstes geben Sie die Knochenbrühe in die warme Pfanne. Fügen Sie schwere Schlagsahne, Salz und Pfeffer hinzu. Dann lassen Sie die Pfanne in Ruhe, bis die Sauce zu köcheln beginnt. Lassen Sie diesen Vorgang fünf Minuten lang geschehen, damit die Sauce eindickt.

3. Zum Schluss geben Sie die restliche Butter und das Huhn zurück in die Pfanne. Verwenden Sie einen Löffel, um die Sauce über das Huhn zu geben und es vollständig zu bedecken. Servieren Sie

Ernährung 350 Kalorien 25g Fett 10g Kohlenhydrate 25g Eiweiß

DESSERT-REZEPTE

47. Gewürzte pochierte Birnen

Zubereitungszeit: 10 Minuten

Kochzeit: 15 Minuten

Portionen: 4

Zutaten:

- 2 Tassen Wasser
- 2 Tassen Rotwein
- ¼ Tasse Honig
- 4 ganze Nelken
- 2 Zimtstangen
- 1-Stern Anis
- 1 Teelöffel Vanilleschotenmark
- 4 Bartlett-Birnen, geschält

Wegbeschreibung:

1. Alle Elemente in den Instant Pot® geben und mischen. Deckel auflegen, Dampfablass auf Versiegeln stellen, Manual Instant Pot® drücken. Umrühren, um zu verbinden. Deckel schließen, Dampfablass auf Versiegeln stellen, Manual-Taste drücken und Alarm auf 3 Minuten stellen.

2. Wenn der Timer piept, lassen Sie den Druck zügig ab, bis das Schwimmerventil abfällt. Wählen Sie Abbrechen und öffnen Sie. Birnen auf einem Teller

herausnehmen und 5 Minuten abkühlen lassen. Warm servieren.

Ernährung 194 Kalorien   1g Eiweiß 4g Kohlenhydrate
5g Ballaststoffe

48. Cranberry Apfelmus

Zubereitungszeit: 10 Minuten

Kochzeit: 20 Minuten

Portionen: 8

Zutaten:

- 1 Tasse ganze Preiselbeeren
- 4 mittelgroße säuerliche Äpfel, geschält, entkernt und gerieben
- 4 mittelgroße süße Äpfel, geschält, entkernt und gerieben
- 1½ Esslöffel geriebene Orangenschale
- ¼ Tasse Orangensaft
- ¼ Tasse dunkelbrauner Zucker
- ¼ Tasse Kristallzucker
- 1 Esslöffel ungesalzene Butter
- 2 Teelöffel gemahlener Zimt
- ½ Teelöffel gemahlene Nelken
- ¼ Teelöffel gemahlener schwarzer Pfeffer
- 1/8 Teelöffel Salz
- 1 Esslöffel Zitronensaft

Wegbeschreibung:

1. Geben Sie alle Zutaten in den Instant Pot®. Verschließen Sie dann, stellen Sie die Taste Manuell und die Zeit auf 5 Minuten. Wenn der Timer piept, lassen Sie den Druck auf natürliche Weise ab, etwa 25 Minuten. Öffnen Sie den Deckel. Die Früchte mit einer

Gabel leicht zerdrücken. Gut umrühren. Warm oder kalt servieren.

Ernährung 136 Kalorien   4g Fett   3g Kohlenhydrate 9g Eiweiß

49. Heidelbeerkompott

Zubereitungszeit: 10 Minuten

Kochzeit: 0 Minute

Portionen: 8

Zutaten:

- 1 (16 Unzen) Beutel gefrorene Blaubeeren, aufgetaut
- ¼ Tasse Zucker
- 1 Esslöffel Zitronensaft
- 2 Esslöffel Speisestärke
- 2 Esslöffel Wasser
- ¼ Teelöffel Vanilleextrakt
- ¼ Teelöffel geriebene Zitronenschale

Wegbeschreibung:

1. Blaubeeren, Zucker und Zitronensaft in den Instant Pot® geben. Abdecken und die Manuell-Taste drücken und die Zeit auf 1 Minute einstellen.

2. Wenn der Timer piept, lassen Sie den Druck scharf ab, bis das Schwimmerventil fällt. Drücken Sie die Taste Abbrechen und öffnen Sie es.

3. Drücken Sie die Taste Sauté. Kombinieren Sie Maisstärke und Wasser. In die Blaubeermischung einrühren und kochen, bis die Mischung aufkocht und eindickt, etwa 3-4 Minuten. Drücken Sie die Taste Abbrechen und rühren Sie Vanille und Zitronenschale

ein. Sofort servieren oder bis zum Servieren im Kühlschrank aufbewahren.

Ernährung 57 Kalorien   2g Fett   14g Kohlenhydrate 7g Eiweiß

50. Kompott aus getrockneten Früchten

Zubereitungszeit: 5 Minuten

Kochzeit: 20 Minuten

Portionen: 6

Zutaten:

- 8 Unzen getrocknete Aprikosen, geviertelt
- 8 Unzen getrocknete Pfirsiche, geviertelt
- 1 Tasse goldene Rosinen
- 1½ Tassen Orangensaft
- 1 Zimtstange
- 4 ganze Nelken

Wegbeschreibung:

1. Rühren Sie zum Verschmelzen. Schließen Sie, wählen Sie die Taste Manuell, und stellen Sie die Zeit auf 3 Minuten ein. Wenn der Timer piept, lassen Sie den Druck auf natürliche Weise ab, etwa 20 Minuten. Drücken Sie die Taste Abbrechen und öffnen Sie den Deckel.

2. Zimtstange und Nelken entfernen und entsorgen. Drücken Sie die Sauté-Taste und köcheln Sie 5-6 Minuten. Warm servieren, dann abdecken und bis zu einer Woche im Kühlschrank aufbewahren.

Ernährung 258 Kalorien   5g Fett 8g Kohlenhydrate 4g Eiweiß

SCHLUSSFOLGERUNG

Im Laufe der Zeit haben Beobachter festgestellt, dass die Menschen im Mittelmeerraum länger leben als Menschen in anderen Teilen der Welt. In der Tat wurde die Umwelt oft für die Langlebigkeit der Menschen im Mittelmeerraum verantwortlich gemacht. Als die Forscher jedoch Erfahrungen sammelten und die wissenschaftlichen Techniken sich weiterentwickelten, wurde deutlich, dass, obwohl die Wetterbedingungen im Mittelmeerraum im Allgemeinen gut und einladend waren, die Ernährung der Menschen für ihr längeres Leben verantwortlich war.

Viele grundlegende Aspekte der mediterranen Ernährung tragen laut Ernährungswissenschaftlern und medizinischen Experten zur Langlebigkeit bei.

Antioxidantien sind in vielen spezifischen Lebensmitteln der Mittelmeerdiät reichlich vorhanden. Antioxidantien sind essentielle Verbindungen, die in einigen Lebensmitteln und Getränken enthalten sind und die schädlichen Auswirkungen von Oxidantien, auch freie Radikale genannt, im menschlichen Körper neutralisieren. Wenn der Körper Sauerstoff zur Energiegewinnung verbrennt, entstehen Oxidantien, die auch als freie Radikale bezeichnet werden. Anders ausgedrückt: Oxidantien können als Abfallstoffe betrachtet werden, die den menschlichen Körper verschmutzen.

Die Ansammlung von Oxidantien im Körper beschleunigt mit der Zeit den Alterungsprozess. Die Elastizität der Zellen verschlechtert sich mit zunehmendem Alter. Am Ende arbeiten die Organe weniger effizient und effektiv. Neuere wissenschaftliche Untersuchungen haben gezeigt, dass Oxidantien die Arterien verstopfen und das Risiko eines Schlaganfalls erhöhen. Oxidantien führen nachweislich zu Krebs, Herzkrankheiten und Diabetes, den Schlüsselkrankheiten, die weitgehend für den vorzeitigen Tod von Menschen verantwortlich sind.

Die Arten von Lebensmitteln, die auf dem Feld angebaut werden und die Grundlage der mediterranen Ernährung bilden - wie grünes und schattiges Grüngemüse - sind reich an krebsvorbeugenden Wirkstoffen und haben eine lang anhaltende Wirkung auf den durchschnittlichen menschlichen Körper.

In den letzten dreißig Jahren haben Studien, die von Forschern in Europa, Japan und den Vereinigten Staaten durchgeführt wurden, gezeigt, dass die mediterrane Ernährung das Risiko für einige Krebsarten deutlich senkt.

Eine Ernährung mit einem hohen Anteil an frischem Obst und Gemüse reduziert nachweislich das Risiko für eine Reihe von Krebsarten. Wie bereits erwähnt, betont die Mittelmeerdiät den Verzehr von viel frischem Obst und Gemüse.

Tierisches Fett ist in der mediterranen Ernährung selten. Es besteht ein direkter Zusammenhang zwischen dem Verzehr von tierischem Fett und kolorektalem bösartigem Wachstum, der tödlichsten Form der Krankheit, die in den 1940er und 1950er Jahren viele Menschen das Leben kostete.

Olivenöl (welches das Herzstück der mediterranen Ernährung ist) senkt nachweislich das Brustkrebsrisiko.

Ein verringertes Krebsrisiko erhöht die Lebenserwartung von Männern und Frauen signifikant, so das Ergebnis von Studien, die Gruppen von Menschen über einen längeren Zeitraum verfolgt haben.

CPSIA information can be obtained
at www.ICGtesting.com
Printed in the USA
BVHW090820030621
608729BV00003B/1037